¡Descubrimos!

El pequeño dragón

COCO

DINOSAURIOS

Primera edición: noviembre de 2019

Título original alemán:
Der kleine Drache Kokosnuss erforscht die Dinosaurier

Diseño: Basic-Book-Design, Karl Müller-Bussdorf
Maquetación: Adriana Martínez

Edición: núriagcaldés
Dirección editorial: Ester Pujol

Este libro ha sido negociado a través de Ute Körner Literary Agent, Barcelona
(www.uklitag.com)

Texto e ilustraciones de Ingo Siegner
© 2018, cbj, Munchen (división de Verlagsgruppe Random House GmbH,
Múnich, Alemania. www.randomhouse.de)
© 2019, Marcelo E. Mazzanti, por la traducción
© 2019, La Galera, SAU Editorial, por la edición en lengua castellana

Casa Catedral®
Josep Pla, 95 - 08019 Barcelona
www.lagaleraeditorial.com

Impreso en Egedsa
Roís de Corella, 16 - 08205 Sabadell

Depósito legal: B-16.444-2019
Impreso en la UE
ISBN: 978-84-246-6573-9

Ingo Siegner

¡Descubrimos!

El pequeño dragón

COCO

DINOSAURIOS

Traducción de Marcelo E. Mazzanti

4M

Índice

El misterio de los dragones

Coco, Óscar y Matilde entran a toda prisa en el aula de la escuela de los dragones. Se quedan boquiabiertos: el profesor Coliflor está leyendo un libro. ¿Es que hoy no va a dar clase?

—¡Profesor Coliflor! —lo llama Coco.

El profesor se sobresalta.

—Ah, ¿ya es de día? ¿Me he pasado toda la noche leyendo? No me extraña. —Les muestra un libro muy gordo—. Aquí lo dice todo sobre los dinosaurios: cómo eran, cómo vivían, qué comían... ¡Es interesantísimo!

—¿Y habla de los dragones? —pregunta Óscar.

El profesor Coliflor parece confuso.

—Pues, ahora que lo dices... no.

—¡Vaya caca de libro! —se queja Óscar.

—Los dinosaurios y los dragones están muy relacionados, ¿no? —pregunta Matilde.

El profesor Coliflor sonríe de oreja a oreja.

—¿Por qué no lo investigáis vosotros mismos y hacéis un trabajo?

—¡Claro! —exclama Coco—. ¡Ya hemos estudiado mucho sobre momias, piratas y vikingos! ¡Estudiar los dinosaurios será muy fácil!

Coco se ha emocionado y no para de hablar:

—Ya sabemos un poco del tema. Una vez viajamos con el

rayo lúser a la era de los dinosaurios y conocimos al **tiranosaurio** Ajillo y el **tricerátops** Topsi. ¡Escribamos en la pizarra lo que sabemos sobre dinosaurios y dragones!

—La fiesta en casa del tiranosaurio fue una pasada —dice Matilde.

—Y las albóndigas de Ajillo estaban deliciosas… —suspira Óscar.

—Todo eso está muy bien, pero no es bastante —afirma Coco—. Creo que tenemos que investigar un poco más.

—Pero ¿cómo? ¿Y dónde? —pregunta Óscar.

Dinosaurios
• Extinguidos
• No echaban fuego
• Algunos tenían alas
• Los había grandes y pequeños
• Los había carnívoros y herbívoros
• Tenían nombres supercomplicados

—Tenemos los libros del profesor Coliflor —contesta Matilde— También podemos ir al Museo del Dinosaurio.

—Y preguntar a otros dragones qué saben del tema —propone Coco.

A Óscar se le escapa una risita.

—¡Y a Ajillo y Topsi!

—¿Quieres volver a viajar con el rayo lúser a la época de los dinosaurios? —pregunta Matilde.

—Claro, ¿por qué no? ¡Si se me acerca un tiranosaurio, pego un grito y me echo a correr! ¡Fácil! —dice Óscar.

Dragones
- Viven en la isla del Dragón
- Los dragones de fuego echan fuego
- Algunos tienen alas
- Los hay grandes y pequeños
- Los hay carnívoros y herbívoros
- Nombres: preciosos, ¡muy acertados!

Las eras de los dinosaurios:
el triásico, el jurásico y el cretácico

—Antes de empezar con vuestro trabajo —dice el profesor Coliflor—, os voy a contar una cosa sobre el mesozoico, la era de los dinosaurios: duró la friolera de 186 millones de años, y los científicos lo dividen en tres periodos: el triásico, el jurásico y el cretácico.

En esa época, la Tierra tenía un aspecto diferente al actual. El triásico empezó hace 252 millones de años y acabó hace 201. Duró 51 millones de años.

Por entonces solo había un supercontinente: **Pangea**, y estaba rodeada por un único océano: Panthalassa, que quiere decir «todo mar» en griego.

El jurásico duró 56 millones de años. La superficie terrestre estaba en movimiento continuo, y hoy aún lo está, aunque va tan lenta que no notamos la **deriva de los continentes**.

Si viéramos a cámara

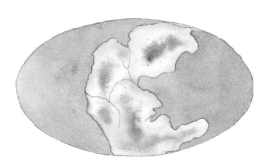

Triásico

Jurásico

rápida la evolución de la Tierra, observaríamos que el supercontinente Pangea se fragmentó en dos continentes: **Gondwana** al sur y **Laurasia** al norte. Durante el jurásico, que va desde hace 201 millones de años hasta hace 145, se desarrolló la vida en los dos continentes. Se formaron cada vez más costas. Esos hábitats fértiles eran idóneos para que se desarrollase la vida. Las enormes masas continentales se fueron partiendo y extendiendo, de manera que surgieron nuevos continentes y mares con litorales extensos. En el **cretácico**, entre 145 y 66 millones de años atrás,

ya se reconocían nuestros continentes, repartidos por el globo terráqueo casi como ahora. Las masas continentales no solo se separaban unas de otras sino que también chocaban entre ellas, y así nacieron las cordilleras; por ejemplo, los Andes en América del Sur y las montañas Rocosas en América del Norte.

* ¡Si te aprendes las palabras destacadas podrás impresionar a tus amigos, a tus padres y a los profes!

Por cierto, el nombre «dinosaurio» viene de las palabras griegas *deinós*, que quiere decir «terrible, poderoso» y sauros, «lagarto».

Cretácico

11

La Tierra antes de los dinosaurios —El paleozoico

—¡Parece increíble que la Tierra haya cambiado tanto en unos pocos millones de años! —se sorprende Óscar.

—¿Antes de los dinosaurios hubo otros animales? —pregunta Coco.

—¡Pues claro: los dragones! —exclama Óscar.

—¡No digas tonterías! —replica Matilde, que se inclina sobre el grueso libro del profesor Coliflor—. Aunque, ejem, tampoco había puercoespines. Aquí dice que, desde su creación después del Big Bang, la Tierra estuvo deshabitada durante mucho tiempo porque era una enorme bola de fuego. Poco a poco se fue enfriando, ¡llovió durante millones de años! Así

nacieron los ríos, los mares y los océanos. Y en el agua se desarrollaron las formas de vida más antiguas: los seres unicelulares se unieron para formar seres pluricelulares. Estas algas alimentaban a los nuevos seres vivos. Durante millones de años surgieron nuevas formas de vida: esponjas, caracoles, peces… y los animales cada vez podían nadar mejor, ver mejor y defenderse mejor de los depredadores.

Durante mucho tiempo, la tierra firme no fue habitable porque no había plantas. ¡Sin plantas no hay vida! Hace unos 450 millones de años empezaron a crecer musgos, helechos y, por fin, árboles. El primer árbol conocido fue el **eospermatopteris**; tenía ocho metros de altura.

—¡Casi tanto como un dragón devorador! —exclama Óscar.

—Algunos peces vivían en las aguas poco profundas de las orillas de los ríos y los mares. Con el paso del tiempo aprendieron a salir del agua para alimentarse. Así, sus aletas se convirtieron en patas y empezaron a respirar el oxígeno del aire. Los animales que pueden vivir tanto en el agua como en tierra se llaman **anfibios**. Sí que hubo animales antes de los dinosaurios: vertebrados, insectos y reptiles. ¡De estos últimos, los **arcosaurios**, nacieron los dinosaurios!

—¡Eso quiere decir que ya llegamos al triásico! —dice Óscar—. ¡Triásico, allá vamos!

Resulta difícil de creer, pero la Tierra tiene ¡unos **4.600 millones de años!**

Escapada al triásico

El profesor Coliflor dice que el triásico empezó hace unos 252 millones de años y acabó hace 201 millones —dice Coco—. Programemos el rayo lúser…

—¿No podríamos marcar un año en concreto? —pregunta Matilde.

—¡Qué más da, 51 millones de años arriba o abajo! —exclama Óscar—. Tú solo marca el triásico, y a ver qué pasa.

El rayo lúser empieza a zumbar. Los tres amigos sienten un hormigueo en la barriga. Un momento después, Coco, Matilde y Óscar se encuentran en mitad de un paisaje muy diferente a la isla del Dragón, cálido y seco. Están en un bosque de coníferas y cícadas. También crecen ginkgos y una hierba larga y nudosa.

—Se llama «bicho». ¡Pero es un arbusto, no un insecto! —dice Matilde, y consulta el libro—. En el triásico no hay zonas con climas diferentes ni estaciones. En el gran continente de Pangea siempre hace el mismo calor, incluso en el Polo Norte y el Polo Sur.

—¡Por eso los insectos son tan grandes por aquí! ¡Mirad! —grita Óscar—. ¡Esa libélula es grande como una bicicleta!

Coco hace una foto antes de que se aleje volando.

¡Ahora ven venir un **pterosaurio**, que es un dinosaurio volador!

—Mirad, un **eorraptor** —murmura Matilde,

emocionada—. Es uno de los dinosaurios más antiguos.

—¡Y ahí hay más animales enormes! —grita Óscar.

Clic, clic, hace la cámara de Coco.

Unos dinosaurios con cuellos largos avanzan pesadamente por el bosque mientras mastican verdura.

¡Uno de ellos levanta una pata justo por encima de nuestros tres amigos!

—¡Eh, tú! —le grita Óscar—. ¡Cuidado con dónde pisas, gigantón!

Pero el dinosaurio no lo oye.

A toda prisa, Coco los hace volver a la escuela de los dragones. ¡Por los pelos!

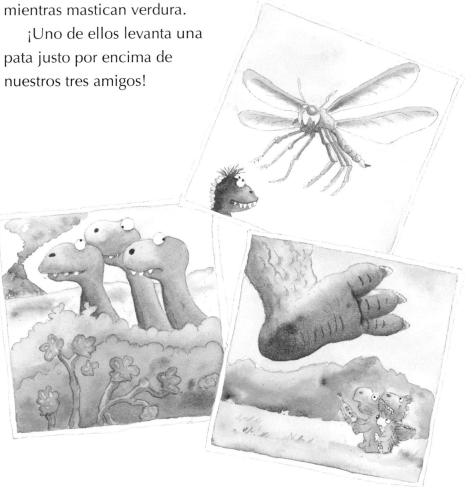

Los primeros dinosaurios existieron hace unos 235
millones de años. Los pterosaurios ya empezaron a volar
en el triásico. Convivían con muchos reptiles;
los cocodrilos hacían que las orillas fueran muy
inseguras. En los mares y lagos también vivían tortugas…
y peces, claro, algunos grandes y peligrosos, como los
tiburones. Los primeros mamíferos aparecieron a finales
del triásico.

El **eorraptor** es uno de los dinosaurios más antiguos. Medía un
metro de largo y pesaba diez kilos. Con sus patas esbeltas podía
moverse rápidamente. ¡Ideal para un cazador! Probablemente se
alimentaba también de plantas. Y es que, a pesar de parecerse a los
posteriores **terópodos** —los dinosaurios bípedos carnívoros—, los
eorraptores también tienen dientes como los de los herbívoros, de
los que salieron los enormes **saurópodos** con sus cuellos gigantes.

El **herrerasaurio** fue uno de los primeros **terópodos**, un carnívoro bípedo y muy buen cazador. Vivía en bosques de coníferas y cícadas, donde estaba al acecho de otros reptiles más lentos. Tenía una longitud de entre 3 y 6 metros y pesaba entre 250 y 350 kilos.

Los **equisetos** (también llamados «bicho» o «cola de caballo») pertenecen al grupo de plantas más antiguo y siguen creciendo hoy en día.

El **eudimorfodon** forma parte de los primeros pterosaurios. Medía un metro de ala a ala abierta. Era un buen volador y un hábil pescador. En su boca con forma de pico tenía más de cien pequeños dientes muy afilados. Se supone que el rombo que tenía en la cola le hacía de timón.

El **plateosaurio** fue uno de los primeros grandes dinosaurios (entre 5 y 10 metros de largo). Era herbívoro. Pesaba entre 600 kilos y 4 toneladas.

El **coelophysis** medía unos 2,5 metros y pesaba entre 20 y 30 kilos, es decir, menos que algunos perros pastores. Este cazador veloz y hábil era claramente más grande que el eorraptor. Su cola larga y fuerte hacía de contrapeso del cuerpo.

El pequeño **megazostrodon**, de diez centímetros, no era un dinosaurio sino uno de los primeros mamíferos. Su cuerpo aún tenía características de los reptiles, pero ya contaba con dientes de mamífero y pelaje. No se sabe si el megazostrodon daba leche a sus crías, ¡pero sin duda fue un tatara-tatara-tatara-tatarabuelo de los mamíferos actuales!

¿Abuela?

Excursión al jurásico

Coco mueve el rayo lúser.

—El jurásico va desde hace 201 millones de años hasta hace 145 —dice—. En la última etapa del jurásico, que se llama jurásico superior, vivieron los dinosaurios más alucinantes.

—Y más peligrosos… —murmura Matilde.

El rayo lúser zumba ligeramente. Nuestros amigos sienten como un hormigueo y aparecen de repente en un bosque verde y frondoso, con helechos y coníferas de varios metros de altura.

—Ahora se ve mucho verde —dice Óscar.

—Como hay dos continentes, **Gondwana** y **Laurasia**, se ha multiplicado la extensión de las costas.

El clima es más moderado y llueve más. ¡Las plantas crecen con ganas! Por eso también hay muchos animales que se las comen… y carnívoros que cazan a los herbívoros.

Coco mira por su cámara y ve un rebaño de **estegosaurios**, que tienen unas grandes placas con pinchos en el lomo y aún más pinchos en la cola. Los rodean unos pequeños dinosaurios, los **camptosaurios**, que los observan con los ojos muy abiertos. De repente, uno de ellos grita. ¡Es un aviso! Los pequeños dinosaurios se

levantan sobre las patas traseras y olisquean el aire.

¡Entonces nuestros amigos oyen unos pasos! El suelo tiembla. De detrás de una roca sale un dinosaurio con dientes puntiagudos y garras muy largas.

—Parece un tiranosaurio —susurra Óscar.

—No puede ser, no son de esta época —replica Matilde.

—¡Es un… **alosaurio**!

De repente, tres pequeños **compsognathus** arrancan a correr hacia él. Son del tamaño de Matilde. Empiezan a salivar y a relamerse; esperan llevarse un buen botín del combate. El **alosaurio** ataca a un estegosaurio y le pega un mordisco en una de las placas del lomo. Pero otro estegosaurio le clava las espinas de la cola en la oreja. El **alosaurio** suelta un alarido y se va.

Alosaurio   Estegosaurio

—¡Ostras! El **estegosaurio** ha tenido suerte —dice Matilde.

De repente, entre los árboles aparece un cuello muy largo. Ruge y arranca las hojas de un helecho.

—¡Mira cómo come ese! —exclama Óscar.

—¡Cuidado o serás su aperitivo! —grita Matilde—. Aunque el **braquiosaurio** es vegetariano, yo no tentaría a la suerte.

Una foto más y ¡hale, de vuelta a casa en la isla del Dragón!

En el jurásico vivieron la mayoría de los saurópodos, y también los más grandes. Algunos eran enormes, con cuellos larguísimos y vegetarianos, como el braquiosaurio. ¿Conoces al diplodocus, el barosaurio y el apatosaurio? Medían unos 40 metros de largo. Son algunos de los mayores animales que han vivido nunca en la Tierra.

El **estegosaurio** medía 9 metros de largo, 4 de alto y pesaba unas 5 toneladas. Tenía 17 placas óseas repartidas por el cuello, el lomo y la cola. Sus patas delanteras eran más cortas que las traseras. Seguramente llevaba la cola de pinchos levantada y la cabeza, con su minicerebro de 80 gramos, bajada. Comía las plantas que crecían en el suelo.

El **braquiosaurio** pesaba entre 25 y 80 toneladas y medía 25 metros de largo. Con su largo cuello podía llegar a las copas de los árboles. Se tragaba las hojas sin masticarlas, ¡casi unos 200 kilos al día! Tenía la cabeza pequeña en comparación con su cuerpo enorme. Y, aunque quede mal decirlo, muy listo no era.

Estegosaurio

En su época, el **alosaurio** (página 21) era el cazador más peligroso. Medía entre 9 y 12 metros de largo y pesaba unas 2 toneladas. Este carnívoro podía correr mucho gracias a sus fuertes patas traseras. Atrapaba a las presas con sus garras de 15 centímetros. Sus dientes de 10 centímetros tenían forma de sierra en los lados para partir mejor la carne.

El **compsognathus** solo medía un metro de largo, pero era muy rápido. Tenía una mandíbula estrecha llena de dientes afilados con forma de gancho. Con las patas traseras cazaba saurios pequeños, insectos y mamíferos. Su cola era el doble de larga que el cuerpo y le permitía mantener el equilibrio mientras corría. Muchos de sus huesos estaban vacíos por dentro, lo que hacía que pesaran menos y fueran más rápidos. ¡Fueron antepasados de los pájaros!

El camptosaurio medía 6 metros de largo y pesaba unos 500 kilos. Este dinosaurio, no muy grande y que se alimentaba de plantas, normalmente caminaba a cuatro patas. Si lo atacaban, podía levantarse sobre las traseras y salir corriendo. Debía de ser bastante listo (al menos para un dinosaurio) para poder protegerse del peligroso estegosaurio.

¡Peligro en el cretácico!

—¡Me alegro de volver a veros! —grita Topsi, muy contento.

—¿Queréis que hagamos otra fiesta? —pregunta Ajillo.

Coco, Óscar y Matilde miran sonrientes a sus amigos Topsi, el tricerátops, y Ajillo, el tiranosaurio.

—No, no, solo queremos recoger información sobre el cretácico para un trabajo del cole —explica Coco.

Matilde hojea su libro.

—A ver: ya sabemos que, durante los 79 millones de años que duró el cretácico, se formaron las zonas climáticas que conocemos hoy.

—¿Mande? —Ajillo no ha entendido nada.

—Pues que tanto el Polo Norte como el Polo Sur ya son zonas frías. En cambio, en el ecuador hace mucho calor, hay mucha humedad y crecen un montón de plantas; algunas de ellas ya tienen auténticas flores.

—¡Por aquí también tenemos de esas! ¡Son deliciosas! —dice Topsi.

Nuestros amigos miran a su alrededor. Por todas partes crecen helechos, equisetos y coníferas. Florece una magnolia. El suelo está cubierto por una fina capa de ceniza volcánica; entre esta, Coco ve que hay hierba.

—Aquí hace mucho frío en invierno —dice Topsi—. Por eso nos juntamos en rebaños y vamos a buscar regiones más cálidas. En verano volvemos.

—Aquí también lo dice: en el cretácico empezó a haber estaciones —lee Matilde en su libro.

Óscar se pone en marcha. Ajillo se mantiene escondido para no asustar a nadie; no saben que él es el único tiranosaurio que no come carne.

Topsi va montaña abajo con los tres amigos, hasta llegar a un lago. Hay dinosaurios grandes y pequeños que beben y se refrescan en el agua. Coco saca tantas fotos como puede. Matilde toma notas en su cuaderno. Óscar mira a su alrededor, maravillado, y conversa con un **maiasaurio** con pico de pato, que está rodeado por sus crías.

—¡Por ahí pasta mi rebaño! —dice Topsi, orgulloso—. ¿A que damos respeto con nuestros tres cuernos? Cuesta creer que no le hacemos daño a nadie —comenta entre risitas.

Tricerátops

Maiasaurio

Por delante les pasa un gran dinosaurio con pinchos en el lomo y una maza en la punta de la cola.

—Es un **anquilosaurio** —dice Topsi.

—¡Vaya espectáculo! —exclama Coco.

Hay un dinosaurio con un largo cuerno en la nuca. Otro parece que lleve casco, ¡es una gorra de hueso! ¡Y más allá hay unos con pulgares que parecen cuchillos! En el agua hay un **alamosario**; solo se le ve la cabecita al final de un largo cuello. Coco saca más fotos.

Paquicefalosaurio

—¡Escondeos! —grita Ajillo de repente. Sale de detrás de la roca donde se escondía y corre hacia sus amigos.

Por entre los árboles aparece un tiranosaurio, ruge y ataca a los dinosaurios pacíficos.

Un **parasaurolophus**, que tiene un cuerno en el cogote, monta un gran escándalo para avisar a los demás. Corren sobre las patas traseras. El anquilosaurio no puede huir, es demasiado pesado y lento; pero se tira al suelo y agita la enorme maza de su cola para que el tiranosaurio no se le acerque. El rebaño de tricerátops se agrupa y todos bajan la cabeza. ¡Los grandes

Parasaurolophus

cuernos de sus frentes y sus morros parecen peligrosos!

El tiranosario corre hacia un **iguanodonte** (página 28), que clava una garra en la panza del terrible gigante. Hace daño, pero el tiranosaurio ni pestañea, ¡en realidad no tiene pestañas!

—¡Madre mía! —murmura Ajillo—. A este no lo conozco. Por ahí vienen Gigantín y Gigantón a ahuyentarlo. ¡El cretácico no les conviene a los pequeños dragones, mejor que os larguéis!

—Le pasa una hoja a Coco—. Aquí os he escrito lo que creo que queréis saber.

—¡Gracias, Ajillo! —murmura Coco—. ¡Que vaya todo muy bien!

En el cretácico vivían diferentes especies de dinosaurios. Habían evolucionado de sus antepasados de otras épocas y estaban mejor adaptados a sus hábitats. El clima cambiaba de un continente a otro. Cerca de los Polos hacía bastante más calor que ahora y, claro, crecían diferentes plantas y había muchos animales.

El **iguanodonte** vivió hace unos 130 millones de años, a principios del cretácico. Medía entre 8 y 10 metros de largo y pesaba hasta unas cuatro toneladas y media. Sus manos tenían cuatro dedos y un pulgar enorme. Como herbívoro que era, podía agarrar ramas, tallos y frutas. Su fuerte pico era capaz de masticarlo todo. Usaba las uñas de los pulgares para defenderse y luchar con rivales de su misma especie.

El **anquilosaurio** vivió entre unos 70 y unos
66 millones de años atrás, en el cretácico
superior. Medía de 8 a 10 metros de largo y
pesaba unas tres toneladas y media. Era
herbívoro y caminaba a cuatro patas. Tenía
todo el cuerpo menos la barriga protegido
por placas y pinchos de hueso; ¡tenía hasta
los párpados acorazados! Pasaba la mayor
parte del tiempo pastando; con su gran boca
arrancaba las plantas de la tierra. Cuando lo
atacaban se protegía con su coraza y repartía
golpes con la maza de hueso que tenía en la
punta de la cola.

El **parasaurolophus** (página 31) vivió hace unos 75 millones de años, en el cretácico superior. Tenía una gran cresta de hueso en la nuca, que podía llegar a medir 1,80 metros. Puede que los adultos la usaran para emitir sonidos graves, como de trompeta. Las crías podían pegar gritos muy agudos, que sus madres reconocían gracias a su buen oído. Estos dinosaurios de 10 metros de largo y dos toneladas y media eran herbívoros diurnos.

Los **maiasaurios** vivieron hace unos 80 millones de años, en el cretácico superior. Medían entre 7 y 9 metros de largo y pesaban unas dos toneladas y media. En su gran morro con forma de pico de pato crecían unos 2.000 dientes. Los adultos los usaban para triturar cada día unos 90 kilos de plantas. Los maiasaurios vivían en rebaños de hasta 10.000 animales.

El **paquicefalosaurio** vivió en el cretácico superior, entre 70 y 66 millones de años atrás. Medía unos cuatro metros y medio de largo, pesaba 450 kilos y corría a dos patas. Este largarto cabezón se llama así precisamente por eso: su cráneo, de unos 60 centímetros de largo, estaba protegido por una especie de «casco» de 25 centímetros de grosor. Probablemente le servía para golpear muy fuerte los costados de sus atacantes. Como herbívoro e insectívoro, solía ser pacífico con los demás animales.

Todo lo que hay que saber sobre el tiranosaurio

—¿Qué ha escrito Ajillo? —pregunta Matilde cuando vuelven a estar en la isla del Dragón.

—¿Es la receta de sus albóndigas? —se emociona Óscar.

—¡No, es mucho mejor! —exclama Coco mientras despliega la hoja, que, como la tenía un tiranosaurio, es enorme, claro.

¡Hola! No habéis tenido tiempo para descubrir cómo son los tiranosaurios. ¡Y menos mal, porque habría sido muy peligroso! Por eso os he escrito estas líneas.

El nombre científico del tiranosaurio es *Tyrannosaurus rex*. Rex quiere decir «rey», y se le dio este nombre porque fue el dinosaurio más terrible que ha habido nunca. Aunque, si os creéis que era el único dinosaurio de su clase, de eso nada. Hubo otros **tiranosáuridos** que eran casi igual de feroces; de hecho, fueron los antepasados o «hermanos mayores» del tiranosaurio. Los primeros aparecieron en el jurásico y evolucionaron durante miles de años hasta convertirse en unos depredadores temibles. Como necesitaban territorios enormes para saciar su hambre, vivían alejados unos de otros. En el cretácico superior, que fue la época más importante de estos grandes cazadores, cada región tenía una clase de tiranosaurio propia. Todos eran poderosos terópodos carnívoros que caminaban sobre dos patas. Tenían un cuello robusto, brazos cortos con garras y dientes afilados. Eran tan grandes y fuertes que estaban en lo más alto de la cadena alimentaria, es decir, que atacaban a cualquier animal pero ninguno se atrevía a atacarlos a ellos.

Mirad, este era el aspecto de mis colegas y mis antepasados:

El **tarbosaurio** existió entre hace 72 y 66 millones de años. Medía unos diez metros de largo. Este tiranosáurido vivió en China, en la misma época que el Tyrannosaurus rex. En sus mandíbulas tenía 60 o 64 dientes muy grandes.

El **gorgosaurio** vivió entre 76 y 72 millones de años atrás, en el cretácico superior. Medía entre 8 y 9 metros de largo y pesaba unas 2,4 toneladas. En algunas regiones de América del Norte compartía territorio con los daspletosaurios. Para no molestarse unos a otros, se especializaron en presas diferentes. El gorgosaurio tenía una cabeza grande, un cuello en forma de S, patas delanteras cortas y traseras con dos dedos y grandes uñas. Con estas últimas, largas y fuertes, era más rápido que el daspletosaurio.

El **daspletosaurio** vivió entre hace 80 y 72 millones de años, en el cretácico superior. Medía unos 8 o 9 metros de largo y pesaba unas dos toneladas y media. Tenía un cráneo grande pero bastante ligero. Seguramente no era capaz de morder con mucha fuerza, pero atacaba a sus presas pequeñas golpeándolas con la cabeza. A las presas grandes les causaba graves heridas con sus dientes afilados.

Más cosas fascinantes sobre los tiranosaurios:

El tiranosaurio vivió entre 68 y 66 millones de años atrás, al final del cretácico superior. Medía unos 12 metros de largo y pesaba de 6 a 10 toneladas. Se cree que es el dinosaurio carnívoro más grande que ha existido; solo su cabeza ya medía un metro y medio. Su cráneo estaba diseñado para que pudiera morder con una fuerza increíble. Tenía entre 50 y 60 dientes de unos 23 centímetros, afilados como cuchillos, que podían romper huesos y provocar heridas mortales. Con sus poderosas patas traseras podía acelerar hasta los 36 kilómetros por hora. Puede parecer que no es mucha velocidad, pero cada paso lo acercaba unos cuatro metros a su presa. Sus ojos enfocaban hacia adelante, para tener siempre bien localizadas a las víctimas que perseguía. En comparación

con su cuerpo enorme, sus patas delanteras eran más bien pequeñas, con dos dedos y largas uñas.

Sus brazos tenían músculos muy fuertes; eran capaces de agarrar presas de hasta 200 kilos. ¡Este peligroso depredador estaba en lo más alto de la cadena alimentaria! Pero en la caza consumía mucha energía y, como aún no existían los frigoríficos, los tiranosaurios devoraban a su presa hasta quedar bien saciados y se iban a otro lugar a buscar el segundo plato. Tenían un olfato muy agudo que les permitía detectar carroña, es decir, animales muertos, ¡desde una distancia de 40 kilómetros! Así podían volver a encontrar las presas que ellos mismos habían dejado a medias, o robar las de los pequeños carnívoros. Al comerse los cadáveres de animales muertos por enfermedad o de viejos, «limpiaba» la zona donde vivía.

Espero que mis apuntes os sean útiles.

Atentamente, Ajillo

4M

Carnívoros y herbívoros

El profesor Coliflor carraspea y explica:

—Devorar o ser devorado: esa era la cuestión. Algunos dinosaurios, los carnívoros, comían carne y otros, los herbívoros, comían plantas. Los grandes herbívoros, los saurópodos, que tenían un cuello extraordinariamente largo, podían arrancar las hojas de los árboles y «devorar» un buen trozo de terreno sin tener ni que caminar. Sus cuerpos gigantescos necesitaban tanta

energía que se pasaban casi todo el día comiendo.

¡No tenían tiempo para masticar! Así, a veces se tragaban hojas duras enteras, que les costaban de digerir. Por eso también se comían piedras redondas, llamadas **gastrolitos**, que trituraban la comida en el estómago. Las largas digestiones producían muchos gases; seguro que alrededor de los grandes dinosaurios vegetarianos no hacía muy buen olor…

Muchos grandes herbívoros tenían que repartir su peso entre todas las patas. La mayoría de los herbívoros más ligeros caminaban a cuatro patas pero, cuando tenían que salir corriendo, lo hacían sobre dos patas.

La mayoría de los carnívoros también corrían sobre dos patas. La carne masticada es más fácil de digerir que las hojas enteras. Por eso, a los carnívoros les bastaba con un aparato digestivo más pequeño. Todo su cuerpo era más esbelto y ágil, y eran capaces de correr a gran velocidad. Tenían dientes largos, afilados y en sierra, como un cuchillo para la carne. Eso les permitía coger a sus presas con fuerza, herirlas de muerte y triturar su carne. En todo el planeta, donde había grandes herbívoros también había carnívoros que se los querían comer. Así se mantenía el equilibrio: si los carnívoros no se los hubieran comido, cada vez habría habido más herbívoros hambrientos, que hubieran acabado por comerse toda la vegetación, quedándose sin más comida.

Las «armas» de los dinosaurios

Los carnívoros se comían a otros carnívoros más pequeños, a los herbívoros y a los restos de animales muertos, la carroña. Para eso necesitaban «cuchillo y tenedor», es decir: dientes y garras.

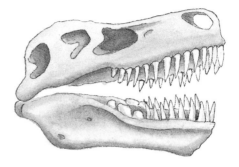

Un diente de **tiranosaurio** podía llegar a medir 23 centímetros. Eran muy afilados, y si se les caían les volvían a crecer. ¡Igual que los cocodrilos! La mandíbula del tiranosaurio era tan fuerte que podía romper huesos.

Muchos cazadores, como el **alosaurio**, tenían unos brazos poderosos con uñas muy afiladas. Por eso se atrevían con animales más grandes que ellos, aunque, en general, los carnívoros cazaban presas de su tamaño o más pequeños.

Los dinosaurios que vivían en el agua tenían una dentadura adaptada a la pesca, como este **espinosaurio**.

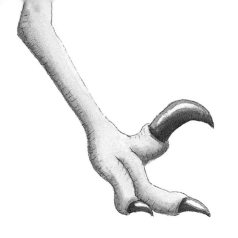

La enorme uña del tercer dedo del pie del **deinonychus** era retráctil, como una navaja. Estos cazadores pequeños y rápidos atacaban en bandada.

Los **troodones** eran pequeños, pero tenían mucha inteligencia… y buena vista. Cazaban de noche y en grupo. Esperaban a que su presa se durmiera y se tiraban todos a la vez sobre ella.

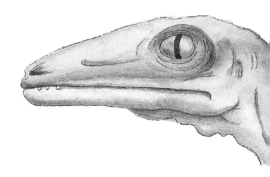

El **sinornithosaurus**, un dinosaurio con plumas de principios del cretácico, primero dormía a su presa con una mordedura, gracias a unos pequeños conductos con veneno que tenía en los dientes, y después la mataba. Sus presas acostumbraban a ser animales enfermos, viejos o inexpertos, que resultaban más fáciles de atrapar.

Las defensas de los dinosaurios

A menudo, la mejor defensa es poner pies en polvorosa. Eso es justo lo que solían hacer los pequeños herbívoros. Pero otros sabían defenderse muy bien. Cada dinosaurio tenía su propia estrategia para sobrevivir. ¡A ver quién es el guapo que se deja devorar tan tranquilo!

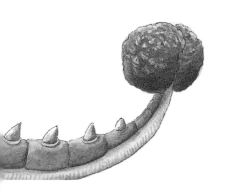

El **anquilosaurio** tenía una maza enorme en la punta de la cola, y su cuerpo estaba cubierto por placas de hueso. ¡Llevaba armadura, como los caballeros medievales!

El **estegosaurio** tenía unas impresionantes placas de hueso en el lomo y largos pinchos, también de hueso, en la cola.

Los **saurópodos** podían dar latigazos con su laaarga cola.

La garra del pulgar del **iguanodonte** era como una hoz, con la que podía cortar hojas y defenderse «a lo bestia».

La protección de la nuca del **triceratops** le era vital para su supervivencia, y sus cuernos afilados podían medir un metro de largo. Cuando el rebaño se agrupaba en círculo, los triceratops que quedaban en el medio no tenían que preocuparse de ser atacados.

Los increíbles récords de los dinosaurios

—Para sobrevivir —dice Coco—un dinosaurio siempre tenía que ser mejor que los que lo atacaban: más rápidos, más listos, más fuertes.

—O más grandes y más tragones —añade Óscar.

—Mirad, aquí he recogido unos récords increíbles de los dinosaurios —dice Matilde.

El **diplodocus** era un saurópodo del jurásico, y posiblemente el dinosaurio *más largo* que haya existido nunca: ¡medía como cuatro autobuses!

El **argentinosaurio**, un saurópodo del cretácico, fue seguramente el dinosaurio *más pesado* de todos los tiempos: con sus grandes huesos macizos pesaba unas 80 toneladas, más que 12 elefantes.

El dinosaurio *más lento* fue el **anquilosaurio**. No resulta nada sorprendente, teniendo en cuenta su gruesa armadura.

El dinosaurio *más rápido* fue seguramente el **galliminus**, del cretácico. Su cuerpo era estrecho y ligero. Con sus largas patas alcanzaba los 70 kilómetros por hora.

El **terizinosaurio**, de 9 metros de largo, tenía las *uñas más largas*: ¡casi un metro!

Con sus hombros altos y unas vértebras larguísimas en un cuello de entre 8 y 9 metros de alto, el **braquiosaurio** fue el dinosaurio *más alto*: medía unos 20 metros, como un edificio de 6 pisos.

El dinosaurio *más listo* fue seguramente el **troodon** (página 41). A la hora de atacar, todo el rebaño se ponía de acuerdo; y, si era necesario, podían cambiar de táctica a medio combate.

Dinosaurios: la reproducción

A lo largo de los casi 160 millones de años en que los dinosaurios vivieron en la Tierra, cambiaron mucho.
Pero una cosa fue siempre igual: necesitaban aparearse para que las hembras tuvieran crías. Tratándose de dinosaurios, ese apareamiento resultaba difícil, a veces hasta sangriento.

La «cresta» de la cabeza del **parasaurolophus** macho era más grande que la de la hembra. Se cree que ellos se hacían notar haciendo conciertos muy ruidosos y ellas elegían a los que montaban más escándalo.
¡Una fiesta!

En la lucha por la hembra, el **paquicefalosaurio** macho se imponía usando su grueso cráneo: se golpeaban unos a otros con la parte reforzada de la cabeza. Seguramente, en el grupo solo se apareaban los machos más fuertes, igual que pasa hoy en muchos rebaños.

La protección de la nuca del **tricerátops** macho (página 43) era más grande que la de la hembra. Es posible que él pudiera bombear sangre hacia la piel que le cubría el cuello para enrojecer su gran cabeza, y que eso les gustase a las hembras y espantase a los otros machos.

Los dinosaurios solitarios seguramente quedaban para el apareamiento y después volvían a separarse. ¡Una auténtica cita!

Coco aún tiene que descubrir si sus padres Elsa y Manuel celebraron una boda romántica…

La cría de los bebés

Los cachorros de dinosaurio son casi tan monos como los pequeños dragones —afirma Óscar—. En el cretácico estuve conversando con una maiasauria madre.

—¿Lo he oído bien? ¿Nueve hijos de golpe? ¡Ahí es nada!

—Sí, yo había puesto 24 huevos y los tenía todos ordenados en un círculo. Pero por hay un grupo de ladrones de huevos, y les encantan los de dinosaurio. Los maiasaurios hacemos nuestros nidos muy cerca unos de otros para protegernos, ¡pero solo pude salvar trece huevos, snif!

—Entonces ¿dónde están tus otros hijos?

—¡Tres eran muy débiles, snif! No sobrevivieron. Y otro era muy atrevido y se alejó demasiado del nido. Los pequeños dinosaurios son presa fácil para los carnívoros.

—¡Ostras, eso debió de ser muy duro!

—Cuando los pequeños salen del huevo, tengo que cuidarlos y protegerlos durante un tiempo. Se quedan en el nido hasta que son lo bastante fuertes como para alimentarse por sí solos. Mientras, yo les doy papilla de plantas: la mastico y se la paso de mi boca a las suyas.

—Suena… ¡puaj!... delicioso. ¿Y te sientas sobre tus hijitos, como las gallinas?

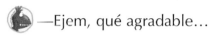—Hum, ¿qué es una gallina? ¿Quieres decir como un **gigantorraptor** hembra, que se sienta sobre el nido para dar calor a los huevos? No, no, yo cubro el nido con hojas, que al pudrirse dan calor.

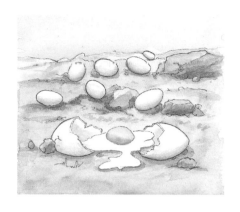

—Ejem, qué agradable…

—Pues mira: soy la mejor madre de la era de los dinosaurios. Mi nombre lo dice, quiere decir «buena madresaurio». ¡Y cómo crecen las criaturas! Al nacer no miden ni 30 centímetros. Al cabo de un año, ya miden dos metros y medio, y con solo 8 años ya alcanzan su tamaño máximo. ¡Estoy tan orgullosa!

Parece increíble que haya dinosaurios que ponen los huevos y los abandonan; por ejemplo, el **diplodocus**. ¡Todo un saurio de 25 metros, y sus huevos son más pequeños que los míos! No me extraña que desaparezca en el jurásico… En fin, por suerte las crías sin madre saben arreglárselas solas. Por ejemplo, los pequeños troodones ya pueden correr en cuanto salen del huevo, ¡y son tan listos…! Aunque, claro, ni la mitad de guapos que los míos…

—Muchas gracias por la charla, Maya.

La vida en común de los dinosaurios

—¿Los dinosaurios tenían familias como las nuestras? —pregunta Coco.

—¿Quieres decir con padre, madre e hijos? —dice Matilde—. No lo sabemos. Pero había muchos herbívoros que vivían en grandes rebaños, algunos de diez mil animales. ¡Eso sí que eran familias numerosas! El rebaño daba protección sobre todo a los miembros más pequeños y débiles. Por ejemplo, los tricerátops, en caso de ataque, formaban un círculo cerrado que defendía a las criaturas del interior. Los atacantes tenían que abandonar e irse a perseguir a alguna presa solitaria. Pero un gran rebaño necesitaba tener siempre mucha hierba fresca como para dar de comer a todos. Por eso, a menudo viajaban en busca de alimento fresco, hasta que volvían al lugar donde habían nacido.

Los rebaños de **estegosaurios** y **camptosaurios** a menudo vivían juntos y se entendían bien. Los camptosaurios, que eran más listos, estaban más al quite, y los pesados estegosaurios podían clavar sus pinchos a los atacantes mientras huían.

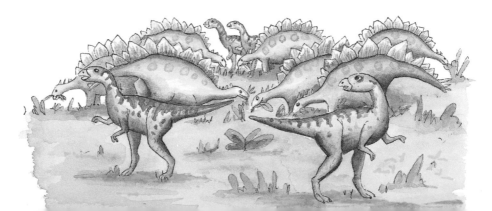

Los grandes carnívoros como
los **tiranosáuridos** eran más bien
solitarios; no les gustaba mucho
compartir sus presas.
El **daspletosaurio**, en cambio,
cazaba en pequeñas bandadas
de animales jóvenes y adultos:
los jóvenes, más ágiles,
perseguían a la presa, y los
adultos, más pesados, la mataban.
A la hora de comer seguían un orden a rajatabla:
primero los más fuertes, después los jóvenes.

Mientras que el maiasaurio dedicaba mucha atención a sus crías, el
gigantorraptor simplemente incubaba los huevos. La hembra podía
estar sentada hasta 80 días sobre unos huevos de 45 centímetros. Era
una época peligrosa, y la madre no podía abandonar mucho tiempo el
nido. Cuando los padres y madres se ocupaban de sus hijos, estos
crecían más seguros, favoreciendo la supervivencia de la especie.

La «vida nocturna» de los dinosaurios

—Investigando, he llegado a la conclusión —dice Óscar— de que la «vida nocturna» de los dinosaurios era muy diferente de lo que vimos con Gigantín, Gigantón y Ajillo. Es una lástima, ¡fue una noche tan bonita! Y las albóndigas… ¡uf! En fin, el caso es que de noche los bosques y la estepa eran más tranquilos, pero algunos dinosaurios no paraban: aprovechaban que estaba oscuro para ir a buscar comida, sobre todo pequeños mamíferos.

Muchos dinosaurios, como el **anquilosaurio**, pastaban día y noche, porque con su gran tamaño tenían que comer continuamente. ¡Qué vida!

El astuto **troodon**, un dinosaurio del cretácico superior con pinta de pájaro, era el que tenía un cerebro más grande en comparación con su cuerpo, y eso le permitía entender mejor lo que veía con sus grandes ojos. Se necesitan ojos como esos para ver un poco de noche y poder calcular mejor las distancias.

Saurios marinos: la vida en el agua

Coco, Óscar y Matilde van a ver al dragón marino Amadeo. Quieren saber cosas sobre los animales que vivían en el mar en la época de los dinosaurios.

—¿Dinosaurios que vivieran en el agua? —dice Amadeo—. ¡No hubo ningún dinosaurio que viviera allí!

Nuestros amigos lo miran sorprendidos.

—Pero nosotros hemos leído que la vida viene del agua… —dice Óscar.

—Es cierto —contesta Amadeo—. Pero los que vivían en el mar no se llamaban dinosaurios sino saurios marinos: eran reptiles que se habían adaptado a la vida acuática. No tenían branquias como los peces, sino pulmones. Tenían que salir a la superficie a respirar, como hoy hacen las ballenas y los delfines. Durante el triásico, los primeros reptiles se adaptaron a vivir en el agua. Los notosaurios obtenían calor en las playas, pero buscaban la comida en el agua, donde había presas abundantes. En el jurásico nacieron los

Elasmosaurio

plesiosaurios. Había dos grupos. Unos eran los elasmosaurios, de cabeza pequeña y cuello largo, que medían 7 metros de largo! Con su cuerpo en forma de bota y cuatro largas aletas como remos, «volaban» por el agua, igual que los pingüinos. El otro grupo era el de los pliosaurios, que tenían un cuello corto y fuerte y un cuerpo más grande, con un largo morro. El pliosaurio más grande, pesado y peligroso era el liopleurodon:

¡solo su cabeza medía cinco metros de largo, y tenía dientes de 30 centímetros!

Los ictiosaurios se alimentaban de peces, sepias y amonites. Lo más sorprendente de estos reptiles marinos es que tenían una aleta dorsal y una caudal, como los peces.

Ictiosaurio

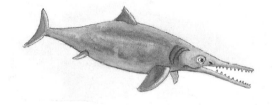

En los océanos vivían incontables animales. Algunos de ellos aún existen hoy: cangrejos, caracoles, medusas, peces, tiburones, tortugas marinas y cocodrilos. ¡Pero la vida en el agua era tan peligrosa como en tierra firme!

— A menos que fueras alguien tan grande como yo —dice Amadeo, y se sumerge.

Liopleurodon

Pterosaurios: los saurios del aire

El gran dragón volador Eugenio aterriza ante Coco y sus amigos, provocando un gran escándalo.

—¡Qué suerte saber volar! —exclama Coco.

—¿Insinúas que en el aire es más difícil que te devoren? —le pregunta el dragón verde.

— ¿No es así?

—No. Igual que hay dragones voladores, también había saurios voladores, los **pterosaurios** —explica Eugenio—. Los primeros nacieron hace unos 225 millones de años. Con el paso de los milenios evolucionaron hasta convertirse en diferentes animales, pero con una cosa en común: huesos ligeros y huecos por dentro.

— Tenían un cuarto dedo muy alargado, unido al muslo por un ala membranosa —dice Eugenio.

—Pero no eran alas de verdad, ¿no? Y seguro que no eran tan bonitas como las de los dragones de fuego —replica Coco.

—Efectivamente. Pero les resultaban muy útiles cuando tocaba escapar volando de un depredador. Algunos pterosaurios vivían en las copas de los árboles, y cuando se acercaba un enemigo abrían las alas y planeaban hasta el árbol siguiente.

Otros, que vivían en la costa, aprovechaban las corrientes de aire para planear. En cambio, los pequeños pterosaurios sí que volaban de verdad. Tenían músculos fuertes en los hombros y el pecho, para poder mover las alas. Los **pterosaurios del jurásico** tenían una larga cola con una especie de remo en la punta, que les ayudaba a regular la altura del vuelo, y con las patas lo dirigían. Los **pterosaurios del cretácico** no tenían cola, pero sí una cresta en la cabeza que les servía para mantener el equilibrio y la dirección.

El **dimorphodon** vivió hace unos 205 millones de años, en el jurásico. Medía un metro y medio de lado a lado de las alas desplegadas, y usaba las corrientes para planear cerca del mar.

El **pteranodon** medía 8 metros de lado a lado de las alas desplegadas, pero pesaba menos de 18 kilos. También usaba las corrientes ascendentes para planear. Tenía un largo pico sin dientes.

¡La excepción confirma la regla! Uno de los pterosaurios más grandes y peligrosos capaces de volar fue el **hatzegopteryx**, un carnívoro, el Drácula de los saurios voladores. Era tan alto como una jirafa y, con las alas desplegadas, medía entre 10 y 12 metros. Es decir, que era tan grande como una avioneta. Cazaba pequeños herbívoros en la zona que hoy es Rumanía. ¡Estaba en lo más alto (je, je) de la cadena alimentaria!

El final de los dinosaurios

Los dinosaurios dominaron el planeta durante 160 millones de años. Pero todo acabó de repente: parece que un enorme meteorito de 10 kilómetros de ancho chocó contra la Tierra.

Era demasiado grande como para desintegrarse al entrar en la atmósfera, así que no fue una estrella fugaz sino más bien un terrible proyectil. Aterrizó en la costa del Yucatán, en el golfo de México. ¡Aún puede verse perfectamente el cráter!

Al estrellarse, esa enorme roca venida del espacio

provocó un tsunami, una ola gigante que inundó la costa.

La tierra tembló y una serie de volcanes entraron en erupción, escupiendo ceniza y lava. Llovieron trozos de roca ardiente que incendiaron los bosques.

Durante meses, la ceniza oscureció el cielo. Sin luz, las plantas no podían crecer. Los animales herbívoros se quedaron sin alimento y se murieron de hambre. Los carnívoros se fueron comiendo la carroña que se acumulaba por todas partes, hasta que esta empezó a escasear.

Unos pocos animales sobrevivieron a la catástrofe: insectos, reptiles, algunos peces… y pequeños mamíferos. Pero los dinosaurios no tuvieron esa suerte: se extinguieron.

¿Cómo sabemos tanto sobre los dinosaurios?

—Profesor Coliflor, ¿cómo es que sabemos tantas cosas sobre los dinosaurios? —pregunta Coco—. ¡Hace mucho que desaparecieron!

—No hay dinosaurios vivos, es cierto —contesta Coliflor—. Pero muertos sí, convertidos en piedra. Se han conservado muchos esqueletos de dinosaurios, son los fósiles. No todos quedaron «en conserva», claro, pero sí los suficientes.

Estos restos van siendo descubiertos por

investigadores del mundo entero. Los paleontólogos, que son los científicos que estudian los fósiles, desentierran los huesos y otros restos. Hasta se han encontrado fósiles de huevos de dinosaurio con el feto dentro. ¡Y caca de dinosaurio petrificada! Entonces empieza un trabajo que es como montar un puzle: pocas veces se encuentran esqueletos completos, con todos los huesos. Lo normal es encontrar un par de huesos

sueltos, y hay que averiguar a qué especie pertenecían; a veces son de una especie nueva y hay que buscarle nombre.

—¡Y vaya nombres más complicados que les ponen! —dice Óscar.

El profesor Coliflor asiente con la cabeza.

—Los investigadores juntan palabras en griego para darles nombre. Pero no siempre aciertan: al encontrar al primer oviraptor pensaron que era un ladrón de huevos, pero resultó que solo protegía los suyos enterrándolos en la arena. En muchos esqueletos fósiles hay marcas de mordeduras y zarpazos, que

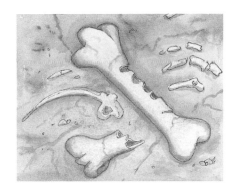

muestran que algunos dinosaurios luchaban entre ellos.

¡Algunos esqueletos hasta tienen dientes del enemigo clavados! Estos descubrimientos nos dicen mucho sobre la vida de los dinosaurios. A menudo los científicos pueden saber el aspecto que tenían de vivos, si han dejado huellas de plumas, placas óseas, escamas…

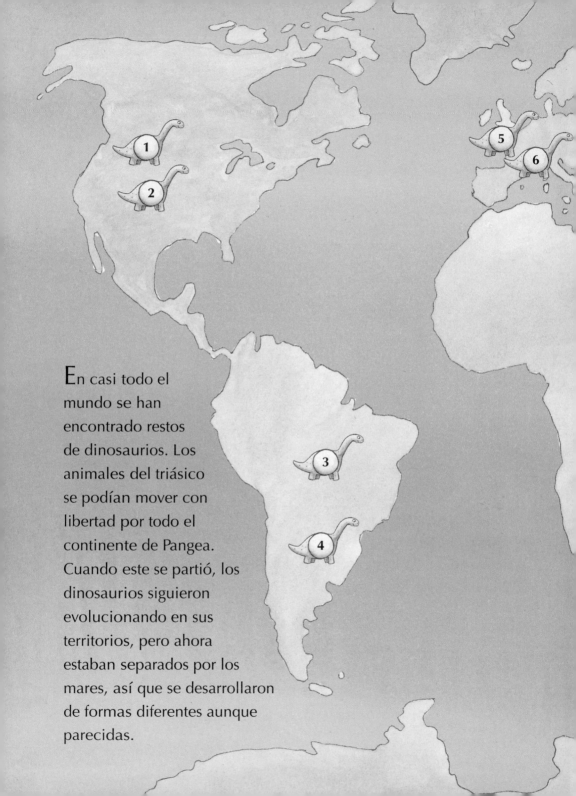

En casi todo el mundo se han encontrado restos de dinosaurios. Los animales del triásico se podían mover con libertad por todo el continente de Pangea. Cuando este se partió, los dinosaurios siguieron evolucionando en sus territorios, pero ahora estaban separados por los mares, así que se desarrollaron de formas diferentes aunque parecidas.

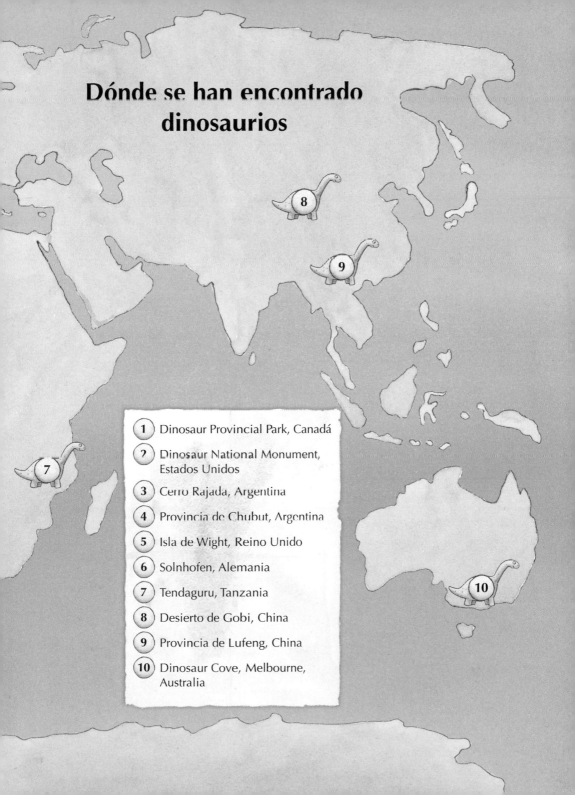

Dónde se han encontrado dinosaurios

1. Dinosaur Provincial Park, Canadá
2. Dinosaur National Monument, Estados Unidos
3. Cerro Rajada, Argentina
4. Provincia de Chubut, Argentina
5. Isla de Wight, Reino Unido
6. Solnhofen, Alemania
7. Tendaguru, Tanzania
8. Desierto de Gobi, China
9. Provincia de Lufeng, China
10. Dinosaur Cove, Melbourne, Australia

¿Y ahora? El mundo sin dinosaurios

Después de la catástrofe del meteorito, el mundo entero quedó patas arriba. Durante millones de años, el tamaño y la fuerza de los dinosaurios los habían ayudado. Pero sus cuerpos tan grandes necesitaban mucho alimento, y ya no lo encontraban. Se cree que solo sobrevivieron los animales que pesaban menos de 25 kilos y algunos que podían orientarse en la oscuridad. ¡Era la hora de los pequeños mamíferos! Como se quedaron casi sin depredadores, pudieron reproducirse y desarrollarse durante millones de años.

Fueron los antepasados de nuestros mamíferos actuales. También vivieron los pequeños pájaros, que son los descendientes directos de los dinosaurios.

La naturaleza consiguió superar las desastrosas consecuencias de la catástrofe. Aparecieron nuevas formas de vida, aunque en otras condiciones. El clima se volvió más frío y comenzó el cenozoico, la era moderna del planeta. Los Polos se congelaron y aparecieron muchas especies nuevas, entre ellas los primeros humanos, hace unos 2 millones de años.

¿Quedan dinosaurios hoy?

Si quieres ver dinosaurios tienes dos opciones. Por un lado, puedes visitar museos o parques temáticos. En muchos museos hay esqueletos enteros de dinosaurios; algunos son fósiles de verdad y otros son copias para que veamos lo grandes que eran. Son el resultado de años de investigación de los paleontólogos. En los museos encontrarás mucha información. Hay documentales que muestran la vida de los dinosaurios y cómo los científicos los han descubierto y reconstruido.

En los parques temáticos hay reproducciones de

dinosaurios con el aspecto que creemos que tenían. ¡Es una experiencia alucinante: hasta puedes tocarlos!

Por otro lado, puedes observar la naturaleza. Por todas partes hay descendientes de los dinosaurios: ¡son los pájaros! ¡En serio, lo han demostrado los científicos modernos! Las aves vienen de los dinosaurios con plumas y huesos ligeros; algunas de estas ya surgieron durante la era de los dinosaurios. El **arqueópterix** lo demuestra: tenía aspecto de pájaro y plumas, pero también una boca con dientes y cola con huesos. Los científicos han descubierto que las aves provienen de los pequeños y hábiles **terópodos** conocidos como **manirraptores**. Entre ellos está el **compsognathus**, que ya tenía forma de ave

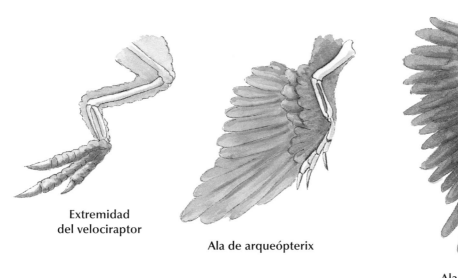

Extremidad
del velociraptor

Ala de arqueópterix

Ala de cuervo

aunque no podía volar ni tenía plumas.

Fíjate en las patas de los pájaros: ¡son casi como las de los dinosaurios! O compara al **troodon** con un avestruz; tienen la misma cara, ¿verdad? Por otro lado, las tortugas, los cocodrilos y los tiburones han sobrevivido hasta hoy, pero no descienden de los dinosaurios sino de otros animales que sobrevivieron a la catástrofe. El **dragón de Komodo**, de las islas Galápagos, es el lagarto más grande del mundo y parece un dinosaurio, pero no desciende de estos; lo demuestra la forma de sus patas.

Aunque hay rumores de dinosaurios vivos hoy en día, hasta ahora ninguno ha podido demostrarse. Por ejemplo, todas las fotos del monstruo del lago Ness, que dicen que podría ser un **plesiosaurio**, son falsas.

¡Increíble las cosas que crea la naturaleza!

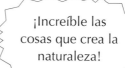

Dinosaurios y dragones:
¡el abuelo Jorge sabe algo!

Después de tanto investigar sobre los dinosaurios, Coco, Matilde y Óscar están muy cansados. El abuelo Jorge les ofrece un refresco.

—Hemos aprendido muchas cosas, ¡algunas de primera mano! —exclama Óscar—. ¡Pero aún tenemos que averiguar la relación entre los dragones y los dinosaurios!

El abuelo Jorge suelta una carcajada.

—Pues es más o menos como la relación entre los dragones de Komodo y los dinosaurios.

—¿O sea, que no tenemos ninguna relación? —pregunta Coco.

—Ninguna —contesta Jorge—. Desde siempre se han contado historias sobre dragones en todas partes del mundo: en Europa, en China, en América del Sur… Son criaturas enormes parecidas a las serpientes. Durante miles de años, cuando los humanos encontraban huesos de

En China se creía que los dragones eran buenos, y hasta traían buena suerte.

En Europa se decía que eran muy malos y que había que combatirlos. ¡Ridículo!

dinosaurios y no sabían qué eran, se imaginaban historias sobre animales alados que escupían fuego, unos con lengua bífida, otros con muchas cabezas… Durante mucho tiempo se creyó que los dragones existían de verdad.

—¡Pero nosotros somos animales de verdad! —exclama Coco.

—Sí, pero eso los humanos no lo saben —replica el abuelo Jorge—. Cuando el naturalista inglés Robert Plot encontró en 1677 un hueso de la pata de un **megalosaurio**, creyó que era de un gigante. Solo hace unos 200 años que los científicos empezaron a buscar huesos de dinosaurios sabiendo lo que eran. Los buscadores norteamericanos **Charles Marsh** y **Edward Drinker Cope** competían entre ellos, ¡y descubrieron más de 130 especies diferentes! Cuando se supo de la existencia de los dinosaurios, los científicos decidieron que los dragones eran un invento.

—¡Vaya tontería! —protesta Óscar.

—¡Je, je! —se ríe Matilde.

—Pero en nuestra isla del Dragón vivimos mejor así, en secreto, ¿no? ¡Sin turistas que vengan a molestarnos!

¡Colorín, colorado,
esta prehistoria se ha acabado!

Coco, Matilde y Óscar entran corriendo en la clase, donde los espera sonriente el profesor Coliflor.

—¿Ya podéis desvelar el misterio? —les pregunta—. ¿Hay alguna relación entre los dinosaurios y los dragones?

—Sí y no —contesta Coco.

—Sí —aclara Matilde— porque muchas historias sobre dragones nacieron al encontrarse huesos de dinosaurios.

—Y no —sigue Óscar— porque no somos de la misma familia desde el punto de vista biológico. ¡Ya hubiera sido raro! Los dragones y los dinosaurios tenemos tanto en común como una tortuga y un león. ¡Nosotros somos mucho más guapos y listos!

Coco suelta una risita.

—¡Aunque tú tienes un hambre de tiranosaurio!

—¡Grrr! —ruge Óscar en broma, y todos ríen.

Por fin, el profesor Coliflor dice:

—Habéis hecho un muy buen trabajo. ¡Es un tema interesantísimo! Pero bueno, ahora que ya está solucionado, sigamos con la clase normal. —E inmediatamente se queda dormido.

En La Galera confiamos en que hayas disfrutado tanto con este libro como nosotros haciéndolo. Hay más aventuras del pequeño dragón Coco esperándote.

Si tienes un rato y quieres contarnos las cosas que te han gustado (y las que no), visita nuestra web, www.lagaleraeditorial.com, y déjanos un mensaje. Recuerda pedir permiso o ayuda a un adulto.

Tu opinión nos importa mucho, porque hacemos nuestros libros para ti.

TÍTULOS DE LA COLECCIÓN

¡Y LOS ESPECIALES!

NO TE PIERDAS LA SERIE ¡DESCUBRIMOS!